WIE EIN DREHBUCH AUSSIEHT

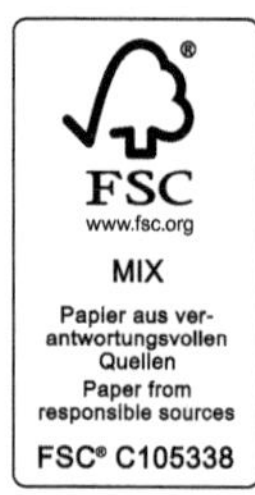

Bibliografische Informationen der Deutschen Nationalbibliothek: Die Deutsche Nationalbibliothek verzeichnet diese Publikation in der Deutschen Nationalbibliografie; detaillierte bibliografische Daten sind im Internet über <u>dnb.dnb.de</u> abrufbar.

Herstellung und Verlag: BoD – Books on Demand, Norderstedt

ISBN: 9-783756-820016

Martin Thau

WIE EIN DREHBUCH AUSSIEHT

Format-Angaben und inhaltliche Hinweise

Überblick

Ein Drehbuch beschreibt den Verlauf einer Handlung, Szene um Szene, auf ca. einer Seite pro Filmminute. Ein 90-Minuten-Film hat dadurch ungefähr ein 90-Seiten-Drehbuch – in 120 Seiten liegt ein Zweistundenfilm usf.

Eine Szene setzt ein, indem im Raum oder in der Zeit gesprungen wird. Z.B. fängt ein Wortgefecht in der Küche an und entwickelt sich von dort ins Wohnzimmer oder vor die Türe. In beiden Fällen liegt in der Raumveränderung eine neue Szene.

Ebenso, wenn der Streit z.B. morgens in einer Küche begänne, und wir sähen als nächstes, wie er mittags oder abends dort (in derselben Küche) noch immer andauert, würde dieser Zeitsprung in einer neuen Szene zum Ausdruck kommen.

Eine Szene setzt in einem Drehbuch immer ein mit ihrer ÜBERSCHRIFT IN GROSSBUCHSTABEN. Die Überschrift gibt an, ob die Szene drinnen (INN. für innen) oder draußen (AUSS. für außen) spielt, an welchem Spielort sie sich ereignet und was die Lichtstimmung ist.

```
INN. SUPERMARKT - TAG

AUSS. HINTERHOF - NACHT
```

Unter der Überschrift folgt eine Beschreibung der Handlung in der Gegenwartsform (Präsens):

```
INN. LIMOUSINE - TAG
```

GEORG und ANNA auf dem Rücksitz. Georg öffnet
einen Mini- Eisschrank und sieht, dass er voller
kleiner Flaschen ist.

Wenn die Figuren anfangen zu sprechen, gibt man ihre Namen in GROSSBUCHSTABEN ca. 8 Zentimeter vom linken Seitenrand (einer DIN-A-4-Seite) wieder, darunter – in einem Raum, der 6 Zentimetern vom linken Seitenrand beginnt und 14,5 Zentimeter von linken Seitenrand endet – erscheint, was sie aussprechen. Zum Beispiel:

                    GEORG
          Ich fahr zum ersten Mal in so
          einem Schlitten. Schau' mal,
          sogar 'ne Minibar!

Szene

So wie ein ganzes Drehbuch hat auch eine Szene Anfang, Mitte und Ende. Was aber im Einzelfall nicht bedeutet, dass sie haargenau mit dem Beginn dessen, was sie wiedergibt, einsetzen muss. Wenn eine Szene beispielsweise davon handelt, wie eine Frau ihrem Mann beim Abendessen beizubringen versucht, dass sie am Wochenende nicht mit zur Schwiegermutter möchte, ist es nicht nötig, mit dem Sich-zu-Tisch-setzen oder den Vorspeisen zu beginnen. Man kann während des Essens einsteigen:

INN. ESSZIMMER - NACHT

MONIKA und GERD beim Abendessen.

                    MONIKA
Noch Kartoffeln?

                    GERD
Nein danke, ich werd' zu fett.

                    MONIKA
Du übertreibst. Hab' ich dir
erzählt, dass Gaby heute
angerufen hat?

                    GERD
Hm. Weswegen?

                    MONIKA
Sie schlägt vor, dass ich mich
mit ihr treffe. Du weißt schon,
Weiberabend. Ich glaub', sie
ist deprimiert. Sie tut mir
leid.

                    GERD
Weswegen sollte sie deprimiert
sein? Ihr Mann verdient 250.000
im Jahr.

                    MONIKA
Trotzdem, ich glaub', ich
sollte sie mal besuchen. Leider
hat sie nur Sonntagabend Zeit.

                    GERD
Ausgeschlossen. Hast du ihr
nicht gesagt, dass wir sonntags
immer zu Mutter gehen?

                    MONIKA
          Ja. Sie meinte, dass man
          vielleicht mal 'ne Ausnahme
          machen könnte.

                    GERD
          Da denkt sie wieder nur an
          sich. Mutter würde glauben,
          dass du was gegen sie hast,
          wenn du nicht kommst. Das hast
          du Gaby auch gesagt, nicht
          wahr?

                    MONIKA
          Mehr oder weniger.

                    GERD
          Gut.

Hier könnte man zu einer anderen Szene wechseln. Weder haben wir den Anfang, die Mitte und das Ende des Abendessens noch Anfang, Mitte und Ende von Monikas Versuch gesehen, Gerd zu vermitteln, dass sie am Sonntag nicht mit zu seiner Mutter kommen möchte.

In einem Film verfolgt ein Charakter im Allgemeinen ein Ziel, trifft dabei auf Widerstände und erlebt einen Moment der Wahrheit (erreicht oder verfehlt sein Ziel). Dasselbe gilt im Kleinen für eine Szene.

In der Beispielszene leitet Monika ihr Anliegen mit

          Hab' ich dir erzählt, dass
          heute Gaby angerufen hat?

ein. Das ist ihre Herangehensweise. Sie hofft, dass, wenn sie Gabys Probleme als Entschuldigung vorschiebt, Gerd nichts gegen ihre Abwesenheit bei seiner Mutter haben wird. Sofort trifft sie auf Widerstand; Gerd hat kein Mitleid mit ihrer Freundin. Erneut Gaby als Vorwand benutzend, bringt Monika eine weitere Idee vor: Wäre es denn so schrecklich, wenn sie bei dem wöchentlichen Besuch der Schwiegermutter einmal abwesend wäre? Mehr Widerstand von Gerd. Dann der Moment der

Wahrheit, wenn Gerd fragt, ob Monika ihrer Freundin gesagt hat, dass es nicht geht. Und die Auflösung: Monika gibt nach

```
    . . . mehr oder weniger . . .
```

und Gerd sagt

```
    Gut.
```

womit er zu erkennen gibt, dass, was ihn betrifft, die Sache erledigt ist.

Die Szene wird mit einigen Sätzen eingeleitet, die noch nicht mit dem Hauptkonflikt zu tun haben (Monika bietet Kartoffeln an, Gerd lehnt ab und sagt, er wird zu fett, was sie abstreitet . . .). Diese Eröffnungssätze gibt es aus zwei Gründen: damit der Zuschauer sich in die neue Umgebung findet (bevor einem jemand zuhört, muss er sich erst einmal umgesehen und begriffen haben, wo er ist), und um das Gespräch beim Essen wirklichkeitsnäher zu gestalten.

Für die Handlungsbeschreibung der Beispielszene reichte ein Halbsatz

```
    Monika und Gerd beim Abendessen.
```

Da die ganze Szene hindurch gegessen wird, hätte man weitere Handlungen beschreiben können: er salzt seine Erbsen nach, sie streicht Butter aufs Brot, er gießt sich Wein nach. Wenn aber kein besonderer Grund besteht, eine spezifische Handlung zu beschreiben, wird deren Erfindung in der Regel dem Regisseur überlassen. Wäre es dagegen darauf ankommen zu zeigen, dass Gerds tyrannische Art Monika zum Trinken bringt, hätte man die Szene mit der Beschreibung beenden können, dass sie sich ein großes Weinglas einschüttet und wortlos mit dem Essen fortfährt.

Szenen können unterschiedlich lang sein, von wenigen Zeilen bis zu mehreren Seiten. Unterschiedlich lange Szenen verleihen einem Drehbuch Rhythmus, während immer gleich lange Szenen Eintönigkeit bewirken.

Szenen können ohne Dialog sein. Wenn ein Vater zum Beispiel das Sorgerecht für seine kleine Tochter verloren hat und sie sehr vermisst, mag das vermittels einer Szene ausgedrückt werden, die ausschließlich darin besteht, dass er aus der Ferne beobachtet, wie sie den Pausenhof betritt und dort Seil hüpft.

Oft ist es auch möglich, einen langen Dialog durch eine wortlose Szene zu ersetzen. Diese Möglichkeit ist fast immer vorzuziehen. Was wirkt stärker: dass der Vater einem Kollegen über fünf Seiten erzählt, wie er seine Tochter vermisst – oder in der oben erwähnten Szene zu sehen, wie ihm Tränen in die Augen steigen, während er sie in der Ferne Seil springen oder ein Pausenbrot verzehren sieht?

Schauplatz

Manche Drehbuchlehrer sind der Ansicht, dass Anfänger dazu neigen, die Möglichkeiten, die einem der Schauplatz einer Szene bietet, zu verspielen (und damit die Chance, ihr Drehbuch reicher zu machen). Dahinter steckt die Ansicht, dass einem Autor immer daran liegen sollte, die Anschaulichkeit seines Drehbuchs zu steigern – und dass dies unter anderem dadurch erreicht wird, dass man einen Schauplatz wählt, der das, worum es in einer Szene geht, herausstellt.

Zum Beispiel will ein Vater seinem erwachsenen Sohn ins Gewissen reden, nachdem dieser sich sehr unreif verhalten hat. Welcher Schauplatz würde dem, worum es in dieser Szene geht, besser dienen: das Wohnzimmer, die U-Bahn oder ein Kinderspielplatz?

Es muss nicht jede Szene einen Schauplatz haben, der ihren Inhalt deutet; jedoch ist vorzuziehen, dass es sich so verhält.

Mindestens sollte ein Schauplatz visuell interessant sein. Um diese Wirkung zu erzielen, braucht man im Drehbuch nicht jede Einzelheit des Schauplatzes zu beschreiben. Stattdessen beschreibt man vielleicht nur zwei oder drei Besonderheiten und den Gesamteindruck.

> Straßenbahnschienen im Mondlicht. Hinter der
> menschenleeren Haltestelle geparkte Autos vor
> einem dunklen Wäldchen - Stadtrand nach
> Mitternacht…

Je genauer der Leser sieht, was dem Drehbuchautoren
vorschwebt, desto mehr fesselt ihn die Geschichte.

Beschreibungen

Was die Handlungsbeschreibung angeht, gelten die
allgemeinen Regeln guten Stils: in der Kürze liegt die
Würze. Insbesondere sind literarische Figuren
(Verfremdungen, Metaphern usf.) zu vermeiden. Also
nicht

> Er starrt in die Schächte ihrer Augen.

oder

> Auf den Billardkugeln liegt der Staub von tausend
> Jahren.

sondern

> Er schaut ihr in die weit aufgerissenen Augen.

beziehungsweise

> Fünf Billardkugeln liegen verstaubt in der Sonne.

Charaktere

Wenn ein Charakter zum ersten Mal in einem Drehbuch
auftaucht, gibt man seinen Namen in

GROSSBUCHSTABEN wieder und liefert eine kurze Beschreibung, die ähnlich wie die Darstellung des Schauplatzes vielleicht ein oder zwei Eigentümlichkeiten sowie einen Gesamteindruck beinhaltet.

> ANGELIKA ist eine Hausfrau Mitte Zwanzig. Sie sieht erschöpft aus, da sie sich um drei kleine Kinder kümmern muss, und ist nicht länger attraktiv.

Besser:

> ANGELIKA ist erst Mitte zwanzig und war einmal schön, aber der Alltag mit drei schreienden Kleinkindern hat seinen Tribut gefordert.

Drehbücher werden nicht nur von Produzenten oder Regisseuren, sondern oft auch von Schauspielern gelesen; ihnen soll die Rolle interessant erscheinen. Statt

> SCHUMANN ist ein alternder Polizist mit Bierbauch kurz vor dem Ende

schreibt man vielleicht besser

> …trägt einen Bierbauch vor sich her und leidet an demselben Problem wie viele alternde Polizisten: nachdem er zwanzig Jahre lang das richtige getan und dafür Prügel bezogen hat, ist ihm alles egal geworden.

Die zweite Beschreibung ist für einen Schauspieler interessanter, weil sie einen edlen Grund für Schuhmanns unwürdigen gegenwärtigen Zustand angibt. Auch andere Leser des Drehbuchs lernen so den Charakter besser kennen. Wobei es sich von selbst versteht, dass solche Beschreibung zutrifft, also nicht etwa dem Charakter in einem Maße schmeichelt, das seinem Wesen widerspricht.

Eine genauere Beschreibung des Aussehens eines Charakters ist nicht weiter wichtig (oder erwünscht), außer es spielt eine Rolle für die Handlung. Wenn sich etwa anhand eines roten Haares unter den Fingernägeln der Leiche herausstellen soll, dass ein bestimmter Charakter ein Mörder ist, gehört seine Haarfarbe selbstverständlich zur Beschreibung. Ansonsten sind die Beschreibungen des Äußeren einer Figur allgemein zu halten. Wenn es heißt, dass der Held ein großer athletischer Mann in seinen frühen Dreißigern ist, wurde sein Erscheinungsbild damit genug beschrieben. Wir müssen nicht wissen, welche Farbe seine Augen haben, wie groß er genau ist, oder welche Blutgruppe er hat.

Kamera Bewegungen und Einstellungen

Im Drehbuch werden Kamerabewegungen so wenig wie möglich (am besten gar nicht!) erwähnt. Höchstens mag man vielleicht einmal Zuflucht zu einem NAH nehmen (alle Kamerahinweise werden in Großbuchstaben angegeben), normalerweise aber ergibt sich die Weise, in der eine Szene aufgenommen werden soll, aus der besonderen Art, in der man den Satz formuliert, der das wiedergibt, was aufgenommen werden soll.

> TOM wühlt in seiner Tasche und befördert Kleingeld ans Tageslicht. Ein Fünfer und ein Zehner. Für einen Moment sieht es so aus, als würde er anfangen zu weinen. Dann aber brüllt er auf einmal los vor Lachen. Er wirft die Münzen davon. Sie fliegen im hohen Bogen durch die Luft und landen im Wasser.

Es werden überhaupt keine Kameraeinstellungen erwähnt. Damit das Publikum erfährt, dass alles Geld, was Tom besitzt, ein Fünfer und ein Zehner sind, wird der Regisseur eine Nahaufnahme der Hand zeigen müssen. Um die Veränderung in seinem Gesichtsausdruck wiederzugeben kann keine Totale verwendet werden. Um zu sehen, wie die Münzen ins Wasser fallen, muss eine nähere Einstellung des Wassers gedreht werden.

Dialoge

sollen in erster Linie ausdrücken, was derjenige, der die Worte von sich gibt, für ein Mensch ist. Wenn ein Drehbuchautor seine Charaktere kennt und, nachdem er die Struktur der Geschichte ausgearbeitet hat, weiß, was sie wollen, wird es ihn oft überraschen, wie verhältnismäßig leicht es ist, sie zum Sprechen zu bringen.

Menschen teilen sich uns durch das von ihnen Geäußerte in einem Umfang mit, der über das unmittelbar Gesagte hinausgeht. Wenn in der Beispielszene Monika meint, dass ihre Freundin deprimiert ist, und Gerd erwidert:

```
Weswegen  sollte  sie  deprimiert
sein? Ihr Mann verdient 250.000
im Jahr.
```

dann sagen seine Worte etwas über die Freundin seiner Frau und ihren Gatten aus – zusätzlich aber auch über ihren Sprecher, Gerd.

Offenbar findet Gerd, dass im Geld der Schlüssel zum Glück liegt, und kann nicht verstehen, wie jemand, der Geld hat, niedergeschlagen sein kann. Was ihn unsensibel und widerwärtig macht. Außerdem liegt die Vermutung nahe, dass Gerd selber nicht über so viel Geld verfügt; andernfalls wüsste er, dass es kein Glück garantiert.

Formatierung

Es folgen Formatangaben für die Gestaltung eines Drehbuchs. Sie sind relativ zu einer Seitengröße von DIN-A-4 aufzufassen:

Der Kopfzeilen-Bereich eines Drehbuchs misst ungefähr 2 Zentimeter, der Fußzeilen-Bereich 2,5 Zentimeter.

Wenn die Seite 21 cm breit ist, soll der handlungsbeschreibende Text 4 cm vom linken Seitenrand beginnen und 1,5 cm vom rechten Seitenrand enden.

Der Dialog beginnt 6,5 cm vom linken Seitenrand und endet 5,7 cm vom rechten Seitenrand.

Die Anweisungen in Klammern zum Dialog beginnen 8 cm vom linken Seitenrand und enden 7,5 cm vom rechten Seitenrand. (Was mit „Anweisungen in Klammern" gemeint ist, wie sie aussehen, geht aus dem längeren Beispiel weiter unten hervor.)

Der Name des Sprechers (über dem Dialog und – gegebenenfalls – den Anweisungen in Klammern) beginnt 8-10 cm vom linken Seitenrand.

Angaben zum Übergang von einer Szene zur anderen wie

SCHNITT AUF:

oder

ÜBERBLENDE:

beginnen 17 cm vom linken Seitenrand (DIN-A-4).

Die Seitennummer steht in der oberen rechten Ecke und beginnt 18,5 cm vom linken Seitenrand. Folgende Angaben werden in GROSSBUCHSTABEN wiedergegeben:

- o INN. für innen oder AUSS. für außen, der SCHAUPLATZ und TAG oder NACHT ggf. DÄMMERUNG

- o ein NEUER CHARAKTER, wenn er oder sie *zum ersten Mal* (danach nicht mehr großschreiben!) in der Handlungsbe-schreibung einer Szene auftaucht

- o der NAME DES CHARAKTERS über dem, was er oder sie sagt

- o EINSTELLUNGEN, KAMERAANWEI-SUNGEN und TÖNE (z.B. NAH, KAMERA SCHRECKT ZURÜCK, Fred POLTERT die Treppe hinunter . . .)

Technische Kamera-Anweisungen (Anweisungen an die Person, welche die Kamera oder den Dolly bedient . . .) sind tunlichst zu vermeiden, sind sie aber unumgänglich, werden sie in GROSSBUCHSTABEN wiedergegeben

Zeilenabstand

Einfach in Rahmen von Beschreibungen des Schauplatzes oder von Handlungen der Figuren – einfacher Zeilenabstand auch zwischen dem Namen eines Charakters und dem, was er sagt, sowie innerhalb eines Dialoges selbst

Doppelter Zeilenabstand zwischen

```
INN./AUSS. [Schauplatz] - TAG/NACHT
```

und der anschließenden Beschreibung des Geschehens, zwischen der Beschreibung und dem Namen des Sprechers über einem Dialog, zwischen den Dialogäußerungen verschiedener Charaktere, zwischen Abschnitten innerhalb längerer Beschreibungen

Dreifacher Zeilenabstand vor dem Beginn einer neuen Szene.

Momente und Pausen

Der Dialog im Drehbuch soll so natürlich wie möglich klingen. In manchen Fällen hat das zu bedeuten, dass ein Charakter Sätze nicht vollendet, pausiert, um nachzudenken, oder vielleicht mitten im Reden auf einen anderen Gedanken kommt. Solche Unterbrechungen können in der Rede durch drei Punkte

    (...)

wiedergegeben werden oder die Angaben

    (Pause)

bzw.

    (Moment)

Alle drei Kennzeichnungen erzielen dieselbe Wirkung – sollten aber nicht übermäßig verwandt werden.

Kennzeichnung von Szenen

Hier gibt es keine Vorschriften. Wenn man seine Szenen nummeriert, identifiziert man sie leichter beim Überarbeiten. Wenn man sich entscheidet, seine Szenen zu nummerieren und die Seite endet inmitten einer Szene, kann man

(WEITER)

oder

(Fortsetzung)

in Klammern in die untere rechte Ecke der Seite schreiben. In die obere linke Ecke der nächsten Seite kann man dann die Szenennummer und

WEITER:

ohne Klammern tippen. Nach doppeltem Zeilenabstand fährt man dann mit dem Text der unterbrochenen Szene fort.

Übergänge

Es versteht sich, dass, wenn eine Szene endet und eine neue beginnt, dazwischen ein Schnitt liegen muss. Es ist deswegen vielleicht nicht notwendig, es jedes Mal noch hinzuschreiben. Manchmal kann es dagegen sinnvoll sein, als Übergangshinweis von einer Szene zur anderen

ÜBERBLENDEN AUF:

anzugeben, um dem Leser den Nachvollzug zu erleichtern, dass Zeit vergangen ist.

Ein Mann wird etwa aus dem Gefängnis entlassen und verspricht dem Wärter:

        In zwei Jahren werde ich
        steinreich sein. Du wirst mich
        nicht wiedererkennen.

In der nächsten Szene verlässt er zwei Jahre später im Designeranzug eine Bank. Nach der ersten Szene könnte man dann etwa tippen:

ÜBERBLENDE AUF:

        AUSS. DEUTSCHE BANK - TAG - ZWEI JAHRE SPÄTER ...

Anwendungsbeispiel

                    LEA
          Ich weiß, du meinst es nicht
          so. Ich meine, wir beide sind –
          Freunde.

Lukas wird etwas weicher, aber das soll verdammt
noch mal keiner mitkriegen!

                    LUKAS
          Du wirst im Frauenknast landen,
          noch bevor du achtzehn bist.

                              ÜBERBLENDE AUF:

INN. VORNEHMES FRANZÖSISCHES RESTAURANT – NACHT

LUKAS und EMMA treten ein. Sie ist beeindruckt.

                    EMMA
          Eh, als du gesagt hast
          Abendessen, da hab' ich mir
          gedacht…

                    LUKAS
          War Tims Idee. Ich hatte auch
          eher an 'ne Pizzer…

Der OBERKELLNER naht, schaut sie von oben nach
unten an (ihnen fehlt die Garderobe für so eine
Lokalität), seufzt, und bugsiert sie zu einem
Tisch bei der Küchentür.

                    EMMA
          Lukas, wenn du willst, werd'
          ich Lena sagen, dass sie eins
          auf den Deckel kriegt, wenn sie
          irgendjemand von deiner
          Vereinbarungen mit Jan erzählt.

                              (Fortsetzung)

WEITER:

                    LUKAS
          Nein, ich hab's versprochen…
          Das würde sie sowieso nicht
          aufhalten.

                    EMMA
               (lacht)
          Nein.

Ihr aufgeblasener KELLNER kommt heran.

                    KELLNER
          Guten Abend. Besuchen Sie uns
          zum ersten Mal?

                    LUKAS
          Das kann man wohl sagen.

                    KELLNER
               (herablassend)
          Ich dachte es mir. Mein Name
          ist Jean-Paul. Ich bin für
          diesen Tisch zuständig. Ich
          werde sie bedienen.

                    LUKAS
          Wir heißen Lukas und Emma. Wir
          werden Ihre Kunden sein. Wir
          werden Ihnen das Trinkgeld
          geben - möglicherweise.

Der Kellner händigt ihnen die Speisekarten aus.

                    KELLNER
               (zu Lukas)
          Wenn Sie etwas Hilfe mit dem
          Französisch brauchen, lassen
          Sie es mich bitte wissen.

                    LUKAS
          Danke für das Angebot. Sie
          können gehen.
               (Kellner geht -
               Lukas wendet sich
               Emma zu)
          Also, was ist denn da wirklich
          in Spanien passiert?

(FORTSETZUNG) rechtsbündig im Fußzeilen-Bereich einer Seite und WEITER: linksbündig im Kopfzeilen-Bereich der nächsten Seite kann, muss aber nicht verwendet werden, wenn mit dem Ende einer Seite eine Szene nicht zu Ende ist, sondern auf der nächsten weitergeht. (Drehbücher kursieren bei Dreharbeiten oft als Einzelblätter; man stellt so sicher, dass Teile einer Szene nicht vergessen werden aufzunehmen.)

Schrift

Als Schrift bitte immer `Courier Größe 12` benutzen. Auf diese Weise bekommt eine Seite die Länge, die sie benötigt, um im Schnitt eine Minute auszumachen.

Auch das Titelblatt bitte ohne weitere Verzierungen mit `Courier Größe 12` beschriften. Das wirkt am professionellsten. Verzierte oder grafisch aufgemotzte Titelblätter wecken den Verdacht, dass es etwas zu beschönigen gibt. Auf dem Titelblatt etwa in der Mitte den `TITEL` in Großbuchstaben, darunter

`Drehbuch`

`von`

`[Name des Autors]`

Die Amerikaner machen hinter jedem Punkt in einem Drehbuch zwei Leerzeichen. In den so entstehenden Raum kann man beim Dreh besser eine Nummer einfügen. Hier der Unterschied:

GEORG und ANNA auf dem Rücksitz. Georg öffnet
einen kleinen Eisschrank und sieht, dass er
voller kleiner Flaschen ist.

GEORG und ANNA fahren auf dem Rücksitz. Georg
öffnet einen kleinen Eisschrank und sieht, dass
er voller kleiner Flaschen ist.

Drehbuch-Programme

Die Formatierung von Drehbüchern gemäß den hier
vorgestellten Vorgaben lässt sich über die Absatzformat-
Vorlagen jeder Textverarbeitung steuern. Spezielle
Drehbuch-Formatierungs-Programme findet der
Suchbegriff „Drehbuch-Software" im Internet.

Gebrauchsanweisung zum Drehbuchschreiben: Spannung meistern am Leitfaden einer Szene aus *Game of Thrones*

Die folgende dramaturgische Richtline betont die zentrale Rolle von Unterhaltung und Spannung im Drehbuchschreiben, wobei der Fokus auf dem Konflikt und der Machtfrage liegt, und ermutigt Drehbuchautor*innen, die Grundlagen des Handwerks zu verstehen und kreativ anzuwenden, um wirkungsvolle und fesselnde Geschichten zu erzählen.

Drehbuchschreiben ist eine Kunst, die sowohl technisches Können als auch ein tiefes Verständnis für das Publikum erfordert. Während viele Anleitungen zum Drehbuchschreiben existieren, hebt sich dieser knappe Leitfaden dadurch ab, dass er die Erwartungen des Publikums in den Vordergrund stellt und betont, wie wichtig es ist, Spannung & Unterhaltung zu erzeugen.

Ein zentrales Element jeder packenden Geschichte ist der Konflikt, sei es zwischen Charakteren oder innerhalb einer Figur. Dieser Konflikt dreht sich stets um die Frage der Macht oder Dominanz: Wer wird am Ende siegen? Alles, was nicht zur Klärung dieser Frage beiträgt, ist in einer Geschichte überflüssig.

Es gilt weniger, Kreativität durch Technik zu ersetzen, sondern geht in den folgenden Zeilen darum, beides in Einklang zu bringen. Viele Drehbuchautor*innen starten ihre Karriere mit viel Selbstvertrauen, erkennen aber irgendwann den Unterschied zwischen bloßem Ausprobieren und echtem Können. An diesem Punkt kann dieser Wegweiser helfen, indem er ein paar Techniken und unbekannte Theorien bietet, die das Schreiben verbessern können. Das Ziel ist es, Drehbuchautor*innen zu ermöglichen, ihre eigenen Überzeugungen mit produktiven Ratschlägen zu kombinieren und so bessere Drehbücher zu schreiben.

Zunächst als Beispiel die Szene 10 aus „Der Garten der Knochen" (4. Folge der 2. Staffel von *Game of Thrones*): Prinzessin Daenerys, das jüngste Kind von König Aerys II., erfuhr, dass die nahegelegene Stadt Qarth sie als „Mutter der Drachen" empfangen möchte. Sie wendet sich an ihren Vertrauten, Ser Jorah, um mehr über Qarth zu erfahren. Er berichtet ihr, dass die Stadt von einer Wüste umgeben ist, die als „Garten der Knochen" bezeichnet wird. Jedes Mal, wenn die Stadttore für einen Reisenden geschlossen werden, „wächst der Garten".

```
AUSS. DIE TORE VON QARTH - TAG


DAENERYS und ihre DOTHARKI stehen vor den Toren
von Qarth. Die Tore sind geschlossen.


                DAENERYS
        Ich      dachte,      wir      seien
        willkommen.


                JORAH
        Wenn    sich    eine    dothrakische
        Horde eurer Stadt nähern würde,
        wäret    ihr    auch    vorsichtig,
        Khaleesi.


                DAENERYS
        Horde?


                            (Fortsetzung)
```

WEITER:

Qarthische Soldaten beziehen Stellung vor den Toren, stehen stramm. Eine Gruppe von 13 VERTRETERN DER STADT nähert sich von den Toren. Der plumpe GEWÜRZKÖNIG führt die Gruppe an.

                DAENERYS (WEITER)
        Mein Name ist Daenerys …

                GEWÜRZKÖNIG
            (sie unterbrechend)
        Daenerys Sturmtochter aus dem
        Hause Targaryen.

                DAENERYS
        Ihr kennt mich, Mylord?

                GEWÜRZKÖNIG
        Dem Hörensagen nach, Khaleesi.
        Und ich bin kein Lord, nur ein
        bescheidener Kaufmann. - Man
        nennt euch die Mutter der
        Drachen.

                DAENERYS
        Und wie soll ich euch nennen?

                GEWÜRZKÖNIG
        Ach, mein Name ist recht lang
        und für Fremde nahezu unmöglich
        auszusprechen. Ich bin einfach
        nur ein Gewürzhändler. Aber wir
        sind die Dreizehn. In unseren
        Händen liegt die Regierung und
        der Schutz von Qarth, der
        größten Stadt, die es jemals
        gab und geben wird.

                DAENERYS
        Die Schönheit von Quarth ist
        legendär …

                GEWÜRZKÖNIG
        Qarth.

                                (Fortsetzung)

WEITER:

                    DAENERYS
          Qarth.

                    GEWÜRZKÖNIG
          Dürften wir die Drachen sehen?

Daenerys schaut zurück zu den gewebten Körben auf
den Pferderücken, in denen sich ihre Drachen
befinden. Sie ist nervös und ein bisschen
verzweifelt.

                    DAENERYS
          Mein - Freund, wir haben eine
          weite Reise hinter uns. Wir
          haben nichts zu essen und kein
          Wasser. Sobald meine Leute
          versorgt sind, wird es mir eine
          Ehre sein …

                    GEWÜRZKÖNIG
          Vergebt mir, Mutter der Dachen,
          kein Mensch hat je einen
          lebendigen Drachen gesehen.
          Einige meiner eher skeptischen
          Freunde weigern sich zu
          glauben, dass eure Kinder
          überhaupt existieren. Wir
          würden uns gern mit eigenen
          Augen davon überzeugen.

                    DAENERYS
          Ich bin keine Lügnerin.

                    GEWÜRZKÖNIG
          Oh, dafür halte ich euch auch
          nicht. Aber da ich euch noch
          nie begegnet bin, ist meine
          Meinung in dieser Sache von
          geringem Wert.

                    DAENERYS
          Da, wo ich herkomme, erweichst
          man seinen Gästen großen
          Respekt und beleidigt sie nicht
          von den Toren der Stadt.

                                (Fortsetzung)

WEITER:

                    GEWÜRZKÖNIG
          Dann kehrt doch dahin zurück,
          wo ihr herkommt. Wir wünschen
          alles Gute.

Der Gewürzkönig dreht sich um und geht davon.
Daenerys geht ihm empört hinterher, und er dreht
sich um.

                    DAENERYS
          Wo   wollt   ihr   hin?   Ihr habt
          versprochen mich zu empfangen.

                    GEWÜRZKÖNIG
          Wir haben euch doch empfangen.
          Hier sind wir, und dort seid
          ihr.

                    DAENERYS
          Wenn ihr uns nicht hineinlasst,
          werden wir alle verdursten.

                    GEWÜRZKÖNIG
          Was wir auch zutiefst bedauern
          werden. Doch Qarth ist nicht
          zur größten Stadt geworden, die
          es jemals gab und geben wird,
          weil die Dreizehn dothrakische
          Wilde durch die Tore ließen.

Der Gewürzkönig geht weiter zum Rest der
Dreizehn, und sie bewegen sich zurück in die
Richtung der Tore.

                    JORAH
          Khaleesi,   bitte   seid
          vorsichtig!

Daenerys findet ihre Entschlossenheit und tritt
vor. Die Soldaten reagieren, indem sie ihr
gemeinsam die Speere entgegen lehnen, eine klare
Warnung.

                              (Fortsetzung)

WEITER:

                    DAENERYS
          Dreizehn! Wenn meine Drachen
          ausgewachsen sind, holen wir
          uns zurück, was mir gestohlen
          wurde und zerstören die, die
          mir Unrecht getan haben. Wir
          werden Armeen niedermetzeln und
          Feuer auf Städte regnen lassen.
          Schickt uns fort, und ihr
          brennt als erste.

Der Gewürzkönig tritt aus den Dreizehn hervor.

                    GEWÜRZKÖNIG
          Ah. Ihr seid eine echte
          Targaryen. Aber wie ihr gerade
          gesagt habt, wenn wir euch
          nicht in die Stadt lassen,
          werdet ihr alle sterben. Also …

XARO XHOAN DAXOS tritt hinter den Dreizehn
hervor.

                    XARO
          Sich aus Furcht vor einer
          jungen Frau zurückzuziehen ist
          ungebührlich für die größte
          Stadt, die es jemals gab und
          geben wird.

                    GEWÜRZKÖNIG
          Die Debatte ist beendet, Xaro
          Xhoan Daxos. Die Dreizehn haben
          gesprochen.

                    XARO
          Ich bin einer der Dreizehn, und
          ich spreche immer noch.

                    GEWÜRZKÖNIG
          Die junge Frau droht, unsere
          Stadt niederzubrennen, und ihr
          wollt sie auf einen Becher Wein
          hereinbitten?

                              (Fortsetzung)

WEITER:

                    XARO
          Sie ist die Mutter der Drachen.
          Erwartet ihr, dass sie zusieht,
          wie ihre Leute verhungern, ohne
          Feuer zu speien? Ich finde, wir
          können   ein   paar   Dothraki
          Einlass gewähren, ohne unsere
          Stadt dem Untergang zu weihen.
          Immerhin bin ich auch hier, ein
          Wilder von den Sumer-Inseln,
          und Qath steht nach wie vor.

Daenerys erkennt, dass Xaro ein möglicher
Verbündeter ist, aber der Gewürzkönig bleibt
hart.

                 GEWÜRZKÖNIG
          Unser Beschluss ist endgültig.

                    XARO
          Nun gut. Ich beschwöre *soumai!*

Die Dreizehn merken auf, schauen einander an.
Xaro zieht seinen Dolch, richtet die Klinge zu
Boden und umfasst sie mit der linken Hand.
Daenerys blickt zu JORAH um Rat.

                    XARO
          Ich will für sie bürgen, für
          ihr Volk und ihre Drachen. Im
          Einklang mit dem Gesetz.

Xaro zieht den Doch nach oben, tief in seine Hand
schneidend. Er zeigt seine Wunde den Dreizehn.

                 GEWÜRZKÖNIG
          Auf eure Verantwortung.

                    XARO
          Willkommen in Qarth, Mylady.

Der Gewürzkönig schließt sich frustriert wieder
den Dreizehn an. Xaro vollführt ein
Willkommensgeste für Daenerys, und die Tore
öffnen sich geräuschvoll. Daenerys und Jorah

                              (Fortsetzung)

Psychologie des Zuschauers

Kunst-Regeln basieren auf Entdeckungen, die sich aus der Wirkung von Darstellungen auf unser Gefühlsleben ergeben. Beim Filmschauen sind wir besonders aufnahmebereit und erwarten genauere Erlebnisse als im Alltag. Ein gelungenes Drehbuch handhabt die Gefühle des Zuschauers und folgt dabei Mustern, die in Filmen weltweit zu finden sind. Diese Muster zeigen in der Regel emotionale Konflikte, die durch Phasen wie „Konflikt", „Steigerung" und „Lösung" gehen. Egal ob Hobbyfilmer oder Profi, das Ziel ist immer, dem Publikum einen Genuss zu bereiten. Drehbuchautor*innen sollten die Kernemotionen – Lust, Spannung und Erregung – verstehen und nutzen. Von all diesen Emotionen ist Spannung das wichtigste Element in zeit-basierten Kunstformen wie dem Film. Das Hauptziel eines jeden Drehbuchautors sollte daher sein, Spannung zu erzeugen.

Die Lösung

Die Lösung eines Films, ob tragisch oder unterhaltsam, dient dazu, die durch die Spannung aufgebauten Erwartungen des Zuschauers zu erfüllen und starke Emotionen hervorzurufen, wobei die wahre Kunst darin besteht, die versprochenen Gefühle nicht nur zu bedienen, sondern sie möglicherweise sogar zu übertreffen.

Lösung und Erfüllung

In einem Drehbuch ist die erzeugte Spannung wichtiger als die eigentliche Lösung des Konflikts. Dennoch prägt die Lösung rückwirkend sowohl die Spannung als auch das gesamte Filmwerk. Während ein Film viele Lösungen für verschiedene Spannungsbögen bietet, muss die Hauptlösung dem zentralen emotionalen Gefühl des Zuschauers gerecht werden, weshalb sie auch als „Erfüllung" bezeichnet werden kann. Das Ende eines Films zielt darauf ab, die versprochenen Emotionen im Zuschauer zu wecken, wobei ein besonders gelungenes Werk die Erwartungen durch ein intensives und unerwartetes Ereignis sogar übertreffen kann.

Tragische oder vergnügliche Erfüllung

Erfüllungen können entweder starke Erregung oder einen Genuss hervorrufen. Tragische Erfüllungen erschüttern den Zuschauer, während unterhaltsame tiefe Befriedigung bieten.

```
Der Gewürzkönig schließt sich frustriert wieder
den    Dreizehn    an.   Xaro   vollführt   ein
Willkommensgeste für Daenerys, und die Tore
öffnen sich geräuschvoll. Daenerys und Jorah
werfen sich einen Blick zu, bevor die Dothraki-
Gruppe durch die Tore einmarschiert. Xaro geht
ihr zu Seite.
```

Tragische Filme sind am wirkungsvollsten, wenn ein unschuldiger, sympathischer Charakter leidet, während unterhaltsame Filme den Triumph des Guten über das Böse zeigen. Es gibt Filme, die Stärke hervorheben, und solche, die Schwäche (z. B. des Gewürzkönigs ...) entlarven. Der Kern eines Films geht über Gedanken hinaus und besteht im Gefühl der Erfüllung.

Lösung als Erlösung

In jeder Filmlösung, ob fröhlich, tragisch oder enttäuschend, findet man Elemente von Befriedigung und Erleichterung. Dies liegt daran, dass sowohl in unterhaltsamen als auch in tragischen Filmen die Lösung als Befreiung von Unsicherheit wahrgenommen wird, wobei dieses Gefühl der Erleichterung nur ein Nebenaspekt des intensiven Erlebnisses der Erfüllung ist.

Die Spannung

Spannung im Film ist das begründete und zweifelnde Vorahnen eines bestimmten Gefühls oder Ereignisses, das durch gezielte Erzähltechniken erzeugt wird, um das Publikum emotional zu fesseln und dessen Erwartungen schrittweise zu steigern, wobei sowohl Haupt- als auch Unterspannungen dazu beitragen, die gesamte Handlung zusammenzuhalten und den Zuschauer in Erwartung und Zweifel zu halten.

Begriff der Spannung

Die Vorfreude auf einen Film ähnelt der Erwartung eines wichtigen Ereignisses, wobei die Antizipation oft intensiver ist als das tatsächliche Erlebnis. Filme nutzen diese Vorfreude, um Spannung aufzubauen, die über erste Erwartungen hinausgeht und das Gefühl der Erfüllung beim Zuschauer schrittweise steigert. Obwohl Wissenschaft und Wirklichkeitssinn den Begriff „Spannung" in Verruf gebracht haben, ist sie in allen Spielfilmen, ob kurz oder lang, unerlässlich. Spannung entsteht durch das begründete, aber zweifelnde Vorahnen eines im Wesentlichen bestimmten Gefühls und hält den Zuschauer in Erwartung. Sie ist der emotionale Motor eines Films und intensiviert sich, je näher die Handlung ihrer Entscheidung kommt. Die Hauptspannung setzt sich aus Erwartung und einem schattenhaften Zweifel zusammen. Während Erwartung auf der Vorstellung eines zukünftigen Ereignisses (dem Öffnen der Tore von Qart) basiert, bringt Zweifel Unsicherheit ins Spiel („Garten der Knochen"). Diese Mischung aus Erwartung und Zweifel dynamisiert das Spannungsgefühl, das den Zuschauer einnimmt.

Steigerung der Spannung

Die Intensität der Spannung, die ein Zuschauer während eines Films oder seiner Szenen empfindet, hängt von mehreren Faktoren ab:

> Die zukünftigen Ereignisse müssen für das Schicksal der Hauptfigur entscheidend sein. Wenn das Leben der Hauptfigur auf dem Spiel steht, identifizieren sich die Zuschauer stärker und fühlen die Spannung intensiver. Selbst in Unterhaltungsfilmen sollte das Gefühl von Leben und Tod präsent sein, wobei der Hauptcharakter oft in Gefahr gerät, selten aber tatsächlich stirbt.

> Die Spannung steigt, wenn die Ereignisse im Film tiefer greifende Interessen oder Fragen berühren, die dem Zuschauer am Herzen liegen. Dies kann auf persönlicher Ebene oder im Hinblick auf größere gesellschaftliche oder universelle Themen sein (Daenerys kämpft nicht nur gegen den Gewürzkönig, sondern auch gegen das, wofür er steht – das Patriarchat „der 13" ...). Je bedeutender und heiliger die Interessen, desto stärker die Spannung.

> Die Intensität der Spannung wächst mit der emotionalen Bandbreite, die das Geschehen aufweist. Je höher das mögliche Glück infolge der

Erwartung und je tiefer demgegenüber das Leid infolge des Zweifels ist, desto maximaler wird die Spannung.

Bangspannung und Getrostspannung

Die Spannung, die ein Zuschauer während eines Films empfindet, kann entweder von Erwartung oder Besorgnis geprägt sein, je nachdem, ob die antizipierte Erfüllung Freude oder Leid verspricht. Es gibt daher zwei Hauptarten der Spannung:

> **Getrostspannung**: Hier erwartet der Zuschauer ein positives Erlebnis. Diese Art von Spannung ist angenehm und von der Vorfreude auf ein erfreuliches Ereignis geprägt. Es ist die Art von Spannung, die in Unterhaltungsfilmen vorherrscht, wo die Zuschauer gespannt, aber optimistisch auf das Ende warten (Daenerys Einzug in Qarth).

> **Bangspannung**: Diese Spannung ist von Sorge und Erregung geprägt. Der Zuschauer befürchtet ein negatives Ergebnis, z.B. den Tod eines Charakters. Schon Aristoteles verwendet hierfür die Begriffen „Jammer und Schaudern" in seiner *Poetik*.

Wenn ein fiktionaler Charakter sein Dasein riskiert, entsteht Bangspannung. Wenn eher erwartet wird, dass er etwas Beeindruckendes tut, entsteht Getrostspannung. Ein Beispiel für Bangspannung sind Filme, in denen die Welt aus den Fugen gerät, während in anderen Szenarien, in denen es z. B. darum geht, etwas durchzusetzen, eine Getrostspannung vorherrscht.

Wie entsteht Spannung?

Damit Spannung entsteht, muss das Publikum ein baldiges Ereignis vorhersehen können, wenn z.B. zwei Fahrzeuge aufeinander zurasen. Das antike Theater nutzte Prologe, um solche Vorstellungen zu schaffen, heute gibt es subtilere erzählerische Techniken. Ein verbreiteter Irrtum ist, dass Filme ihre Höhepunkte geheim halten sollten, um uns damit zu überraschen. Überraschungen können effektiv sein, solange sie das Gefühl der Erfüllung nicht ersetzen.

Ein guter Filmtitel kann ebenfalls zur Spannung beitragen, indem er lebendige Vorstellungen einer Erfüllung weckt.

Der Spannungsaufbau folgt klaren Phasen:

> 1. Vorstellung des bevorstehenden spektakulären Ereignisses – *Einzug nach Qarth*
> 2. Einführung von Zweifeln – *Gewürzkönig*
> 3. Schrittweise Annäherung an den Höhepunkt mit neuen Wendungen – *Daenerys Drohung – Xaro Xhoan Daxos*
> 4. Der Höhepunkt wird unvermeidlich – *Beschwörung „soumais"* ...

Für Drehbuchautor*innen ist es wichtig, das richtige Tempo für diese Phasen zu finden. Die Spannung sollte früh beginnen, und die Hauptfigur sollte bereits im ersten Drittel der Handlung in Schwierigkeiten sein. Danach können wir Schreibende die Geschichte nach unserem Geschmack entwickeln. Die letzte Phase vor dem Höhepunkt kann sich ruhig noch etwas hinziehen, denn es bereitet Vergnügen, einen Charakter noch etwas schmoren zu sehen, bevor die Lösung präsentiert wird.

Spannung vertiefen

Die Spannung in einem Film steigt mit der Intensität der Emotionen des Zuschauers. Die zwei kollidierende Fahrzeuge: Anfangs mag die Spannung gering sein, aber sie wächst, wenn der Beobachter über die möglichen Konsequenzen nachdenkt oder sich eine persönliche Verbindung zu den Beteiligten vorstellt. In Filmen wird diese Spannung durch gezielte Szenen und Entwicklungen intensiviert, die die Emotionen des Zuschauers ansprechen. Die zentrale Frage, wer am Ende siegen wird – Held*in oder Gegenspieler – bleibt bestehen, wird aber durch zusätzliche Charaktere und Wendungen immer eindringlicher. Das Bedürfnis des Zuschauers nach einem positiven Ausgang und die emotionale Bindung zu den Charakteren vertiefen die Spannung mit jedem Moment.

Vorbereitung des Ungewöhnlichen

Im Drehbuchbau dient die Spannung auch dazu, ungewöhnliche Ereignisse glaubwürdiger zu machen. Wenn solche Ereignisse, wie übernatürliche Fähigkeiten oder Geistererscheinungen, frühzeitig angedeutet werden, akzeptiert das Publikum sie leichter. Experten im Spannungsaufbau können solche außergewöhnlichen Elemente geschickt einführen, ähnlich wie Shakespeare den Geist von Hamlets Vater humorvoll ankündigte.

Haupt- und Unterspannung

In einem Drehbuch gilt das Prinzip des Vorahnens sowohl für den Hauptstrang der Geschichte als auch für Nebenhandlungen und einzelne Szenen. Jeder Moment, ob groß oder klein, entfaltet erst volle Kraft, wenn er erwartet und in seiner Bedeutung schrittweise vertieft wurde. Die Wirkung jeder Emotion oder Handlung wird durch ihre vorherige Ankündigung und schrittweise Entwicklung verstärkt. Selbst ein einfacher Auftritt einer Figur wird bedeutungsvoller, wenn z. B. zuvor über sie gesprochen wurde. Ein Dialog wird intensiver, wenn irgendwelche Gesten ihn vorbereiten: „Khaleesi, bitte seid vorsichtig!"

Die Hauptspannung hingegen bildet das übergeordnete emotionale Gerüst für den gesamten Verlauf der Geschichte.

HAT SICH DAS BUCH GELOHNT?

**Wenn ja, würde ich gerne davon erfahren!
Ehrliche Rezensionen helfen anderen Lesern, das
richtige Buch für ihre Bedürfnisse zu finden.**

Literaturhinweise

Martin Thau

Mit ChatGPT Drehbücher und Romane schreiben

ISBN: 9-783757-846367

Wie können mit einem textbasierten Dialogsystem Drehbuch-Plots gefunden oder optimiert werden? Die Einfälle des Chatbots werden zufällig oder gezielt in Gang gebracht, bewertet und zugespitzt auf entscheidende Fragen, zu deren Beantwortung seine künstliche Intelligenz dann immer wieder herangezogen wird. Die bewährten Parameter der Spannungsdramaturgie fordern dabei die Antworten des Dialogsystems heraus und führen gewieft Fragende zu den Bausteinen einer von Mal zu Mal unverwechselbareren Geschichte.
Autor*innen sind nach Lektüre dieses Leitfadens in der Lage, den Entwicklungsprozess ihrer Stoffe zu beschleunigen und Material zu schürfen für Ideen, die noch nach Inhalt suchen.

Wie adaptiere ich (m)einen Roman zu einem Drehbuch für einen Film oder einer Serie?

ISBN-13 : 979-8493716911

Arbeitsheft für Autor*innen – mit genauen Anwendungsbeispielen

Schule des Drehbuchs

ISBN-10 : 1500977241

GEKAUFT – diese Geschichte wird verfilmt!

- *Welcher Stoff eignete sich dafür?*
- *Nach welchem der dramatischen Grundmuster?*
- *Wie entwickelt man so eine Handlung?*

Vorschläge und Fingerzeige für Autoren aus dem Wissensschatz der Drehbuchwerkstatt München an der Hochschule für Fernsehen und Film. Sie betreut in erster Linie den jährlichen Bucherfolg ihrer zehn Förderungs-EmpfängerInnen (hier lernten die Autoren von GOOD BYE, LENIN!, VINCENT WILL MEER oder VERLIEBT IN BERLIN). Auswärtige Begabungen ziehen Vorteil aus dem über Jahre verdichteten Fachwissen in Form dieses Leitfadens: bündig vermittelt er die wenigen Triebkräfte und Verfahren, dank welcher fleißige Erzählvorhaben oder Stoff-Einfälle zu vielversprechenden Vorlagen für Filme, Spiele oder Drama-Apps gedeihen. – Ein abschließendes Frage-Werkzeug belebt den Fluss der Ideen und räumt ihren Weg frei zur "Kurbelreife".

Soforthilfe schafft die Lösung der "drei Drehbuch-Rätsel":

(1) Wer will was von wem?
(2) Was passiert, wenn er oder sie es nicht bekommt?
(3) Warum gerade jetzt?

In den Antworten wartet der intakte Spannungsbogen Ihrer Geschichte - auf seine Vertiefung vermöge der Schule des Drehbuchs.

Auf den deutschen Text folgt in dem Buch die englische sowie französische Übersetzung dieses auch im Ausland bekannten Leitfadens.

Hinweis Dieser in erster Linie zeitsparend | hochkonzentriert (unter 50 Seiten ...) gehaltene Punkt-Ratgeber mit seinem plotmächtigen Fragewerkzeug richtet sich an Autoren mit dringender Stoff-Vorstellung, welche die zentralen Stützpfeiler und Meilensteine ihres Erzählplans fassen oder sichern wollen. AnfängerInnen dagegen, aber auch alle, denen mehr an einem Netz als den Grundlinien der Erzählkunst liegt, nehmen sich besser Zeit für die herkömmlichen Handbücher. Die Fachwelt empfiehlt McKee *Story* und Mamet *Die Kunst der Filmregie*. Beide bauen auf Aristoteles. Einen patenten Schlüssel zu dessen Original liefert: M. Thau *Aristoteles' Poetik – für Spannungsautoren* ISBN 9783753497259)

Aristoteles' Poetik -
Entdeckt, freigelegt und aufbereitet für Drehbuch-Autoren

ISBN-10 : 9783753497259

Die Geheimnisse mitreißenden Erzählens sind seit über 2.000 Jahren dieselben. Wer sie entdeckt, bezwingt jedes Publikum.

Diese einmalige Schatzkarte für Unterhaltungsschriftsteller in spannenden Genres und Drehbuchautoren führt zum Ur-Quell abendländischer Erzählkunst, von dem alle Fachbücher seitdem Kopien sind. Dafür werden die entscheidenden Stellen der Poetik in Überschriften zusammengefasst, durch geklammerte Einschübe und anschließende Kurz-Deutungen erläutert.

Zugänglich und fruchtbar gemacht werden folgende Sätze
- Handlung ist nicht Rede, sondern Tun
- Die Geschlossenheit einer Handlung
- Künstlerische Nachahmung wiederholt nichts Hervorgebrachtes, sondern das Hervorbringen – von Ausgeburten voller Anmut des Wahren.
- Die Handlung einer Geschichte ist wichtiger als ihre Mannschaft
- Bessere Handlungen sind eingleisig
- Ihre Handlung ist der Sinn einer Geschichte
- Zweck einer Geschichte: ihre Handlung
- Eine gute Handlung ist organisch
- **Die Genres des Aristoteles**
- Das Epos unterscheidet sich von der Tragödie
- Logik des Horrorfilms

- ❖ Der Schwerpunkt einer Handlung: etwas Schreckliches, das dem Helden zustößt oder un | mittelbar von ihm verursacht wird
- ❖ Was das Publikum erleben möchte
- ❖ Mag der Zuschauer sich auch nicht allzeit in die dargestellten Verhältnisse einer Geschichte finden – immer vertraut und mitreißend sind für ihn Machtfragen.
- ❖ Richtige Länge
- ❖ Bewirkung des Gegenteils des Beabsichtigten
- ❖ (K)eine Überraschung
- ❖ Wenn Zufälliges auf die Vorgeschichte beschränkt bleibt, wird seine dramatische Wirkung nicht beirren, sondern beeindrucken.
- ❖ Die Ursachen des Höhepunktes dürfen nicht unsichtbar sein.
- ❖ Charaktere sind Handlungsmuster.
- ❖ Mit aufgerührten Gefühlen gehen auch andere seelische Lasten ab.
- ❖ Handlungen deuten Ideen
- ❖ **Die wirkungsvollste Beschaffenheit der Hauptfigur**
- ❖ Jammer, Schaudern und Reinigung entspringen nicht neuen, unerhörten Tatsachen, sondern der Aktualisierung von etwas, dessen man bereits innehat.
- ❖ Der sittlich mittlere Charakter
- ❖ Charaktere schaffen die innere Beteiligung an einer Geschichte.
- ❖ Im Geschehen enthaltene Betrachter, die uns die Vergangenheit erklären, die Gegenwart bewerten oder Zukunft voraussagen, steigern das Wahrnehmungserlebnis der Zuschauer, wenn sie zur Handlung gehören.
- ❖ **Was Charaktere lebendig macht**
- ❖ Dialog ist besser Teil der Handlung.
- ❖ Wenn Exposé oder Zusammenfassung einen nicht packen, werden es weder das Drehbuch noch der Film danach tun.

- ❖ Daher ist die Dichtkunst Sache fantasiebegabter und leidenschaftlicher Naturen.
- ❖ Dramatik wächst nicht mit immer neuen Überraschungen, sondern „musikalisch" durch Abwandlung desselben Themas.
- ❖ Die undurchsichtigste Geschichte nimmt einen gefangen in dem Maße, in dem sie einmal wirklich geschehen ist.
- ❖ Warum Menschen sich im Gegensatz zu Tieren (am liebsten schaurige) Geschichten erzählen.
- ❖ Was jämmerlich-schauderhaft aussieht, aber nicht weh tut, ist komisch.
- ❖ Was Aristoteles nur mittelbar anspricht
- ❖ Zusammenfassende Deutung
- ❖ **Wesen der Tragödie**

Exposé - Treatment - Serien-Präsentation: Wie sieht das wirklich aus?

ISBN: 9783753496887

Anschauliche Beispiele aus dem Film- und Fernsehalltag

Krimis erzählen – Schnellrezepte für Profi-Autoren

ISBN: 9783753471556

Begleitband zur Online-Schulung Erfolgreich Fernseh-Krimis schreiben Nur für erfahrene Autoren!
https://vimeo.com/ondemand/krimischreiben

Cliffhanger – Wendepunkte für Serienautoren

ISBN : 979-8468234143

Richtet sich an Autor*innen, die gerne erfolgreicher im Serien-Geschäft sein möchten. Veranschaulicht

ausschließlich die dafür notwendige Cliffhanger-Technik
- an praktischen Beispielen.

Das Geheimnis der Ketzer

ISBN-13 : 979-8585809743

Kurz-Roman – ergänzt um die Ausarbeitung seiner letzten zwei Drittel als Drehbuch zur Veranschaulichung des Formates und seiner Möglichkeiten für Film und Fernsehen

Alle Titel können mit 40% Preisabschlag als PDF erworben werden unter

martinthau.eu/pdf-shop

Der große Genre-Führer: Regeln und Merkmale der bekannten Film- und Fernsehgenres

ISBN: 9783753473079

Handbuch für **Drehbuch-Autor*innen** und solche, die's werden möchten. Beschreibt alle gängigen Genres, ihre Regeln und Herausforderungen für jene, die sich in ihnen üben möchten und nach fruchtbaren ChatGPT-Prompts suchen

Abenteuer und Heldentaten
Erklärung der Haupt-Merkmale sowie Beschreibung von 26 Unter-Genres

Thriller
Genaue Beschreibung des bedeutendsten Genres der Neuzeit und seiner Spielformen

Aufklärung von Geheimnissen
Krimi und verwandte Gattungen

Geburt einer Liebe
Romantik - Gotik – Erotik

Andere Wesen und Welten
Alles von Horror bis Science Fiction

Melodrama
Tränen und Gerechtigkeit

Drama
Wie Menschen sind, was sie werden können . . .

Tragödie
Der dunkle Sog des Todestriebs und seiner Abkömmlinge

Dokumentationen
Wie's zufällig ist . . .

Experimentalfilm
Das kann nicht alles gewesen sein.

Komödie
Kopfschüttel . . .

Nicht-Genre-Film
Nicht dieselbe Leier . . .

Dies ist keine wissenschaftliche Zusammenstellung oder Auseinandersetzung, sondern eine Darstellung der Wirkstoffe bewährter Erzählweisen für solche, die sie gerne verwenden möchten. Sie bietet einen stichwortartigen, die weitere Inspiration nicht einschnürenden Blick über bewährte Geschichten und erwähnt zu jedem Punkt drei Muster-Filme.

Mit diesen können sich Autorin oder Autor – nach dem in *Exposé - Treatment - Serien-Präsentation: Wie sieht das wirklich aus?* (ISBN: 9783753496887 - Kapitel „Handlungsschritte") vorgeschlagenen Verfahren – auseinandersetzen, um im Erzählverlauf mehr Sicherheit zu gewinnen, die einen vor allem am Anfang der Karriere oft auf halber Strecke zu verlassen droht. *Der große Genre-Führer* ist ein Hilfsmittel gegen solche Hemmungen. Inspirierend und außerordentlich fruchtbar für ChatGPT-Prompts ist schließlich auch die Rangordnung erfolgreicher Themen im dritten Teil des Bandes.

Mehr theoretisch oder geschichtlich interessierte Leser*innen finden eine bessere Behandlung ihres

Schwerpunktes z. B. in der Reihe FILMGENRES des Reclam-Verlags. Einen originellen und uneingeholten Beitrag zu dem Thema liefert N. Frye Analyse der Literaturkritik (Stuttgart 1964)

53

Grimm's Secret - Recipes for astute writers: What your audience craves and can never tell you

ISBN-13 : 978-1724189516

The enduringly powerful formula of 19th century Germany's storytelling at the basis of **Grimms' Fairy Tales** *and any enthralling novel, play or Hollywood movie, delivered by the Director of Studies of the legendary* Screenwriting Workshop *at the* University of Film and Television *in Munich.*

THE AUDIENCE'S FEELINGS

Resolution

★ Fulfillment

★ Tragic and Pleasurable Fulfillment

★ Relief

Suspense

★ Intensity of Suspense

★ Confident Suspense and Anxious Suspense

★ How Does One Create Suspense?

★ How Does One Intensify Suspense?

★ Preparing for the Unusual

★ Main Suspense and Individual Suspense

Pleasure

★ Creation

★ Suffocation of Pleasure

★ Shared Pleasure

THE PLOT

Cinema or TV audiences instinctively expect to experience strong emotions. People react to the events on the screen with the same feelings as to events in real life. Six aspects of audience emotion are of interest to us as screenwriters:

- **Suspense** and **Resolution**
- **Pleasure** and **Displeasure**
- **Excitement** and **Calming Down**

A dramatic work becomes a particular pleasure by integrating the different feelings aroused in an audience - cleansing them of all the dross of our real (higgledy-piggledy) inner life - into one major fulfillment.

A dramatic work must naturally shape a development, a "becoming". In the perception of this becoming the course of our emotions is consistently informed through the element of suspense. *What*'s going to happen? *How* is it going to happen? The predominant element in the viewer's experience is the suspense as to one of two competing endings.

A development, in fact the entire course of the world, i.e. the screen author's arena, is nothing other than an eternal, universal struggle for existence and power. Every becoming is a smaller unit in this universal battle, a struggle. A dramatic subject can only be a struggle.

Dramatic storytelling shares the aspects of simulated external struggles with sport and games. Only in drama, however, can one witness the inner struggles of psychological forces (intellectual, moral, strong-willed). The subject matter of every film is therefore a conflict, either between several persons or between several ambitions in one person's soul, or – at best – both.

The overriding measure of every conflict is the question of power: who is stronger? Therefore, the question of power is also the overriding dramatic measure. Which volition, which strength, which tendency will triumph? The question of power burns between the fighting forces on the screen and at the same time in the audience. The course of its emotions is informed by the main suspense, which is aimed at the decision of the question of power. The story really starts when this power question ignites – and ends, when it is extinguished.

Vorlesungen

Das Geheimnis mitreißender Drehbücher

https://vimeo.com/ondemand/ drehbuchwerkstatt

Zeit für eine Expedition zu den geheimen Quellen erfolgreichen Drehbuchschreibens, weil sie Zugang verschaffen zum inneren Kreis.

Martin Thau, der Coach, ist seit 30 Jahren Studienleiter der Drehbuchwerkstatt München an der Hochschule für Fernsehen und Film. Zu seinen Absolventen zählen Bernd Lichtenberg (Autor von *Good-bye Lenin*), Florian David Fitz (*Vincent will Meer*), Robert Seethaler (*Ein ganzes Leben*), Daniel Speck (*Bella Germania*) u. v. a. m.

Er vermittelt die kaum bekannten Fundamente und Techniken, dank welcher Erzählvorhaben oder Stoffideen vorankommen zu vielversprechenden Drehbüchern. Nie wieder ratlos vor einer nicht funktionierenden Geschichte stehen, weil man als Autor endlich Bescheid weißt, worauf das Publikum abfährt.

Erfolgreich Fernsehkrimis schreiben

https://vimeo.com/ondemand/ krimischreiben

Das am meisten nachgefragte Format der deutschen TV-Wirklichkeit ist und bleibt der Krimi – zugleich die komplizierteste Erzählform mit dem gewieftesten Publikum.

Durchschaue die krimispezifische Verschränkung von Vorder- und Hintergrund-Handlungen: was wann geschieht, zu welchem Zeitpunkt und in welcher Form ans Licht kommen muss. Welche Möglichkeiten die Vergangenheit hat, richtig oder falsch in der Gegenwart zu erscheinen.

Lerne die Standard-Charaktere kennen, ihre Natur und Funktion für die Handlung. Was sind dagegen die „Gäste"? Und warum spielt die „Umgebung" eine so überragende Rolle?

Warum darf es im Krimi keine Rückblenden geben? Erfasse die Methode der Polizei: warum Todeszeitpunkt und „Begehensweise" immer am Anfang von Ermittlungen stehen – was der Beweggrund mit der Vorgeschichte und dem Tatfeld zu tun hat – wie letzteres die Form des gültigen Alibis erzeugt. Warum es immer mindestens zwei Ermittler braucht.

Vollziehe nach, wie man einen Krimi am zweckmäßigsten erfindet und entwickelt. Warum die Figur des Kommissars als allerletzte in die Fantasie des Autors treten sollte. Was die „Leiter des Mörders" ist und leistet. Warum man das Opfer kennen lernen sollte, bevor es ermordet wird.

Schaffe deinen Durchbruch zum erfolgreichen Krimi-Autor.

HERKUNFTSNACHWEIS
M. Thau
Tegernseer Landstraße 30
81541 München